Extrait de *L'ECHO RELIGIEUX*

❖ SOUVENIRS ❖

d'un Voyage ═══

═══ à Rome

effectué en Mai 1905

AURILLAC
Imprimerie Moderne, Fl. SAVIGNAUD. — 192

Extrait de *L'ÉCHO RELIGIEUX*

Souvenirs d'un Voyage à Rome

effectué en Mai 1908

Le Pape

Mon voyage à Rome était avant tout un pèlerinage et ma première préoccupation fut de voir le Pape et de visiter le tombeau de saint Pierre dans son illustre basilique.

Dès le lendemain de mon arrivée, j'obtins la faveur d'assister à une messe privée, que le Souverain Pontife célébrait pour un pèlerinage d' « Enfants de Marie ». Je fus placé dans le sanctuaire, près de l'autel ; et quand Pie X vint à son prie-Dieu pour l'action de grâces, je me trouvai à son côté. Je poussai la hardiesse jusqu'à toucher ses vêtements. Avant de se retirer, le Pape se retourna pour adresser à l'assemblée quelques paroles d'édification et, pendant qu'il parlait, je pus observer à mon aise le jeu de sa physionomie. Ce qui frappe le plus en lui, c'est une grande modestie mêlée d'une certaine tristesse et une paternelle simplicité. Sa parole est à la fois paisible et ardente, ses traits s'animent graduellement sous l'action de la pensée et de la piété. L'auditoire était visiblement ému.

Peu de jours plus tard, après bien des démarches appuyées de protections, je me trouvai dans une antichambre du Vatican avec un petit groupe de pèlerins. Le pape entre et salue avec un sourire affectueux. Puis il va de l'un à l'autre de nous, présentant sa main à baiser. Quand il fut près de moi, je pris la parole pour lui dire en peu de mots l'état de la congrégation dont je suis l'aumônier et lui demander une bénédiction spéciale pour elle. Je recommandai aussi ma famille et exprimai quelques autres intentions spéciales. Pie X daigna tout écouter avec une grande attention et répondit par quelques mots italiens et français qui partaient vraiment du cœur.

Enfin j'eus le bonheur de voir le Pape une troisième fois. J'assistai à la messe pontificale qu'il célébra le jour de l'Ascension, dans l'immense basilique de Saint-Pierre, en présence de *quarante mille* personnes. L'entrée du Souverain Pontife dans l'église fut tout ce que l'on peut imaginer de plus solennel. Dans le cortège qui le précédait, il y avait un grand nombre d'évêques, mitre en tête, des cardinaux en robe rouge, des prélats de tous rangs, le régiment des suisses aux costumes rouge, blanc et jaune, une cinquantaine de gendarmes portant l'épée au poing avec une grâce inexprimable et tous les officiers et camériers de la cour pontificale.

Quand le Pape, sortant de ses appartements, atteint le seuil de la Basilique, il est annoncé par une sonnerie de trompettes d'argent. A ce signal, tous les regards de la foule se tournent vers l'entrée et on voit apparaître le Vicaire de Jésus-Christ, porté sur la « sedia gestatoria », couronné de la tiare et levant la main pour bénir. Impossible de dire l'enthousiasme qui saisit le peuple en ce moment. Du temps de Léon XIII, d'immenses vivats faisaient retentir les voûtes de Saint-Pierre ; mais aujourd'hui les acclamations sont interdites. On doit se contenter de lever les bras et d'agiter les mouchoirs.

Les deux sœurs du Pape occupaient, dans le chœur, une place d'honneur.

Les chants étaient dirigés par M. l'abbé Pérosi, le grand'maître de la musique religieuse contemporaine. Quand ce prêtre de petite taille, à la figure jeune et candide, sortit de la sacristie revêtu de son surplis, on l'eût pris pour un enfant de chœur. Mais il est incroyable comme cet Eliacin se transforme sous le souffle de l'inspiration artistique. Pendant l'exécution des morceaux, il y a dans sa personne une vie et une action extraordinaires. Il suffit de l'observer pour se sentir entraîné. Les chantres sont comme hypnotisés par son regard et ses gestes. Tantôt leurs voix s'échappent en une série de crescendo qui semblent devoir faire éclater les voûtes. Tantôt, sur un signe du maître, les accents s'adoucissent et deviennent d'angéliques mélodies qui se continuent déli-

cieusement dans l'âme après que les oreilles ont cessé
d'entendre.....

Basilique de Saint-Pierre

Les étrangers qui séjournent à Rome font de fréquen-
tes visites à la cathédrale des papes, à la *Basilique de St-
Pierre* du Vatican, les uns en curieux, les autres mus par
la piété.

Le péristyle de l'édifice est toujours encombré par la
foule des personnes qui entrent et sortent.

L'église de Saint-Pierre est remarquable par ses dimen-
sions colossales; mais à cause de l'harmonie de l'ensemble, on n'en est pas d'abord frappé. Pour s'en faire une
idée, il faut parcourir les lieux, employer des comparai-
sons et demander à un guide les mesures de quelques
détails. Les quatre piliers qui soutiennent le dôme et
marquent le croisement du transept, ont chacun 71 mètres
de tour. Le simple baldaquin en bronze, qui encadre le
maître-autel, toucherait le sommet d'une maison à *huit*
étages.

Aux veilles des grandes solennités, les visiteurs consi-
dèrent avec effroi les ouvriers qui, suspendus à des cor-
des, placent des tentures à la naissance des voûtes. On les
voit se balancer dans les hauteurs de la grande nef et de
la coupole, pareils à des oiseaux.

La longueur totale de l'église, à l'intérieur, est de 210
mètres; sa superficie de *seize mille* mètres carrés. Elle
peut contenir jusqu'à *quatre-vingt mille* personnes. Il
n'existe, à la surface du globe, aucun autre édifice ayant
l'ampleur de la cathédrale de St-Pierre. Une vingtaine
d'églises comme celle de St-Géraud y danseraient dedans.

Énumérer les chefs-d'œuvres dont l'art moderne a en-
richi la basilique vaticane est impossible. Toutefois la
piété et l'archéologie y trouvent plus de satisfaction encore que l'esthétique. Au milieu de l'église, en avant du
maître-autel, se voit le tombeau du prince des Apôtres.
C'est une crypte ouverte, de forme rectangulaire et dans
laquelle on descend par un double escalier. Le sarcopha-
ge contenant les reliques est placé dans le fond. L'ouverture, à fleur de pavé, est protégée par une riche balus-

trade. Une centaine de lampes, fixées au cadre du bord, brûlent perpétuellement. L'ensemble de ce monument porte le nom de *Confession de Saint-Pierre*. A n'importe quelle heure du jour on voit, tout autour et dans l'intérieur de la crypte, des pèlerins priant à genoux.

La même ouverture donne accès à une église souterraine qu'on appelle « Grottes vaticanes » ; mais cette dernière partie est actuellement interdite au public.

Près de la grande entrée de la basilique, se dresse une colonne en marbre, qui provient du temple de Jérusalem et contre laquelle Jésus se serait appuyé. Plus loin une statue de Saint-Pierre, en bronze, rappelle le passage d'Attila. Léon X attribuant au prince des Apôtres, la grâce d'avoir pu toucher le chef barbare, fit élever ce monument en signe de reconnaissance. Un pied de la statue est usé par les baisers qu'y déposent les pieux visiteurs.

Signalons aussi la *chaire de Saint-Pierre*, figurant au fond de l'abside. C'est un immense siège en bronze qu'entourent les statues de Saint Ambroise, Saint Augustin, Saint-Athanase, et Saint Chrysostome. Un trône en bois est enchâssé là-dedans, et ne serait pas autre, d'après la tradition, que celui même qui servit à Pierre, le premier Pape.

C'est encore dans la basilique du Vatican qu'on conserve et vénère le voile de Sainte Véronique, sur lequel est empreinte la face auguste du Sauveur. Malheureusement il ne reste, de cette relique si précieuse, que des vestiges.

Dans les chapelles et les nombreux recoins, on voit de magnifiques mausolées ornés, pour la plupart, de statues. Ce sont des tombeaux de papes, de cardinaux, de souverains, de princes, etc. Dans l'église souterraine les monuments funèbres sont encore plus nombreux, paraît-il. On peut même dire que cette dernière partie est essentiellement une petite nécropole. Aux siècles de foi, les grands et les puissants usaient de toute leur influence, pour obtenir que leurs restes reposassent près des reliques du fondateur de l'Eglise.

Le bras gauche du transept est entouré d'une série de confessionnaux destinés aux pèlerins de tous pays. Les étrangers venus à Rome, comme ceux qui se trouvaient à Jérusalem le jour de la Pentecôte, peuvent, quelle que soit leur nationalité, accuser leurs fautes et entendre la parole de Dieu, chacun dans sa propre langue.

L'église de Saint-Pierre du Vatican fut commencée vers le milieu du XV⁰ siècle, sous le pontificat de Nicolas V. *Bramante* en fut le premier architecte. *Sangallo* et *Michel-Ange* continuèrent son œuvre, mais en modifiant le plan primitif. Il ne fallut pas moins de deux siècles pour compléter l'édifice.

Basilique de Saint Paul. — Reliques insignes Prison Mamertine

Un des jours suivants, je visitai la basilique de *Saint-Paul-Hors-des-Murs* qui se trouve en pleine campagne, à une assez grande distance des fortifications. Cette église ne le cède guère à celle de Saint-Pierre par son caractère grandiose. Qu'on est étonné de trouver pareille merveille au milieu des champs, presqu'entourée de solitude !

L'intérieur du monument est particulièrement impressionnant. Le plafond à caissons est d'une richesse inouïe. *Quatre-vingt* colonnes rondes, disposées sur *quatre* rangs, soutiennent l'entablement, à droite et à gauche de la grande nef. Chacun de ces piliers représente un immense monolithe de granit qui fut extrait des carrières du Simplon et transporté à Rome, je ne sais par quel prodige de camionage.

Le tombeau de St-Paul est en avant du maître-autel et occupe le fond d'une confession semblable à celle de Saint-Pierre. L'apôtre des Nations fut enterré près du lieu de son martyre.

Pendant que j'errais sur les parois sans fin de la Basilique et à travers la forêt de colonnes, ma pensée se reportait aux temps où vécurent Pierre et Paul. Quand ces deux pauvres hommes marchaient dans les rues de Rome, les menottes aux mains, comme de vulgaires prisonniers dont personne ne demande le nom, ils ne se doutaient pas probablement, qu'un jour de si beaux monuments seraient élevés à leur mémoire, et que leurs noms figureraient au rang des plus illustres.

Parmi les *quatre cents* églises de Rome, il en est beaucoup d'autres qui présentent un très haut intérêt. Mais le visiteur est obligé de se borner. D'ailleurs, après en avoir vu un certain nombre on commence à sentir la monotonie. Dans ces édifices, on retrouve, presque partout, la même architecture et le même genre de décors. Une seule église, je crois, la *Minerve* est gothique; les autres sont du style grec.

Rome est riche en *reliques insignes* et en souvenirs religieux de toutes sortes. J'ai pu vénérer une grande partie de la Croix de Notre-Seigneur, plusieurs des clous qui furent enfoncés dans les mains et dans les pieds de l'Homme-Dieu, quelques épines de la couronne que les soldats du prétoire placèrent sur sa tête, une partie de l'inscription qu'on avait attachée à la Croix, la table qui servit au Sauveur pour le dernier repas qu'il prit avec ses apôtres et sur laquelle fut institué le sacrement de l'Eucharistie, un bras de la croix du bon larron, la crèche de Bethléem, l'escalier en marbre du palais de Pilate que Jésus suivit pour monter au prétoire. Ce dernier fut porté intégralement à Rome par les soins de l'impératrice Hélène (IVe siècle) et est connu sous le nom de « Scala Santa ». Les pèlerins ne gravissent qu'à genoux, ces marches saintes. On a dû les recouvrir d'une boiserie, pour les préserver de toute dégradation.

J'ai visité la *prison Mamertine*, voisine du palais du Capitole et avec lequel elle communique par une galerie souterraine. Elle est de beaucoup au-dessous du sol; on n'y arrive qu'après avoir descendu un grand nombre de marches. Ce cachot existait 600 ans avant l'ère chrétienne et n'avait d'abord d'autre ouverture qu'un trou rond pratiqué à la clef de voûte. Les chefs ennemis de Rome, vaincus dans des guerres, après avoir été promenés jusqu'au Capitole sur les chars de triomphe de leurs vainqueurs étaient précipités par cette sinistre lucarne qui se refermait sur eux pour toujours. Ils mouraient dans les horreurs des ténèbres, de la faim et du désespoir. Jugurtha, roi des Numides subit, avec beaucoup d'autres, cet épouvantable sort.

Dans un coin de la prison, s'ouvre un puits sans fond, dans lequel on jettait les cadavres et tous les horribles débris qui se trouvaient autour d'eux.

Plus tard on construisit, pour pénétrer dans la *prison Mamertine*, une porte et un escalier. Saint Pierre fut enfermé dans cette oubliette. Comme l'apôtre mettait le pied sur la première marche, dit la légende, un soldat le bouscula violemment et sa tête, en frappant le mur, y laissa une empreinte. Les gardiens actuels ont bien soin de faire remarquer une concavité qui présente, en effet, en repoussé, les traits d'une figure d'homme.

Au milieu du pavé de la prison est une source d'eau vive. Saint Pierre ayant converti deux de ses geôliers l'aurait fait jaillir miraculeusement pour les baptiser. Les visiteurs, avant de repartir, boivent pieusement de cette eau. Peu de temps avant le chef de l'église, Vercingétorix avait été enfermé dans le même lieu. Il y fut étranglé, et on montre l'anneau en fer auquel fut attaché la corde qui lui fit rendre l'âme. Je gémis sur le sort de cet illustre Auvergnat qui était digne d'un plus noble trépas.

On conserve dans l'église de *Saint-Pierre-aux-Liens*, les chaînes en fer que porta Saint Pierre pendant sa captivité. J'ai pu les voir de très près dans leur reliquaire en cristal.

Ara-Cœli. — Catacombes
Autres Souvenirs religieux.

Un autre sanctuaire qu'on visite beaucoup, à Rome, c'est celui de *Ara Cœli*, voisin aussi du Capitole. Il y a là une statue très vénérée de l'Enfant-Jésus (Santo Bambino). Elle est en bois d'olivier sculpté et fut apportée jadis de Jérusalem. Le Petit-Jésus est debout; un manteau d'étoffe d'or l'enserre comme dans un maillot. Un riche diadème orne sa tête. Toutes les mamans de Rome conduisent leurs petits enfants en pèlerinage à l'*Ara Cœli*. Ces bébés se posent en face de la statue qui est de leur taille et débitent de petites odes apprises par cœur; ils répètent, tantôt en joignant les mains, tantôt en agitant leurs petits bras: « O santo Bambino! O bel bambinello! »

J'ai visité deux catacombes: celle de Saint-Agnès et celle de Santa-Domitilla. Ce sont des couloirs souterrains, hauts de trois ou quatre mètres, et creusés dans la *Pouzzolane* (roche volcanique assez malléable qui constitue le sous-sol de Rome). Ils se ramifient à l'infini, s'en-

trecroisent, se superposent les uns aux autres et forment
un réseau inextricable dans lequel on ne peut s'aventurer
sans des guides très sûrs. Les parois de ces galeries sont
garnies de casiers également taillés dans le roc et qui
étaient destinés à recevoir les corps des défunts. La
plupart des compartiments sépulcraux ont été vidés. Ceux
d'entre eux qu'on a respectés, sont fermés par des pla-
ques de marbre blanc, sur lesquelles on lit de simples noms
gravés. Les catacombes furent, pendant quatre ou cinq
siècles, les cimetières des chrétiens.

Dans les labyrinthes de ces étonnantes nécropoles,
on rencontre, de distance en distance, de petites salles
voûtées, en forme de chapelle. Chacune d'elles fut cons-
truite près de la tombe d'un martyr et servait aux pèlerins qui venaient en vénérer les reliques. Dans plusieurs
de ces touchants sanctuaires, on voit encore le mobilier
primitif : l'autel, la lampe suspendue à la voûte, des sièges, etc. On a trouvé dans les catacombes et on découvre
encore des statues, des bas-reliefs, des peintures, des
inscriptions, qui enrichissent le domaine de l'archéologie
et fournissent de précieux documents à l'histoire de
l'Eglise.

A Rome, les souvenirs religieux sont innombrables ;
Je me contente de citer, parmi les quelques autres que
j'ai pu considérer :

1° La *Crypte de Sainte Cécile,* qui n'est autre que la
maison où la sainte naquit et fut élevée. Comme toutes
les constructions de la Rome antique, elle se trouve
aujourd'hui sous terre. Celui qui la visite, se fait une idée
complète de l'ancienne habitation romaine, avec son cor-
tile entouré de colonnes et ses petites chambres voûtées,
n'ayant d'autre ouverture que la porte d'entrée. On
montre la salle de bains où les bourreaux tentèrent d'as-
phyxier la jeune patricienne et la chambre où elle eüt la
tête tranchée.

La maison de Sainte Cécile sert aujourd'hui de crypte
à la basilique du même nom, que le cardinal Rampolla a
fait si somptueusement restaurer.

2° La *crypte de Ste Agnès.* Elle présente la pièce où
fut emprisonnée la jeune vierge, la chambre où on la con-
duisit, pour essayer de la pervertir et enfin celle de son
martyre qui est aujourd'hui transformée en chapelle.

3° L'appartement qu'occupait à Rome *St Ignace de Loyola* et dans lequel il mourut. St François de Sales aimait à venir y méditer pendant le séjour qu'il fit à la Ville éternelle.

4° La *maison de St Calasanc*, un prêtre éminent de Rome qui s'était voué à l'éducation des enfants du peuple. On y montre la salle dans laquelle il faisait la classe et où la Ste-Vierge lui apparut. Dans une pièce voisine se trouve le corps du saint revêtu des habits qu'il portait de son vivant. Son grabat et un grand nombre d'autres objets lui ayant appartenu, sont également exposés à la vénération des visiteurs.

L'art au Vatican. — Chapelle Sixtine
Chambres et Loges de Raphaël

Les principales curiosités artistiques du Vatican se trouvent dans la *Chapelle Sixtine*, dans les *Chambres* et les *Loges* de Raphaël, dans le Musée qu'on appelle *Pinacothèque* et dans le *Musée des antiques*.

La *Chapelle Sixtine* est un grand édifice de forme rectangulaire, n'ayant de remarquable que les fresques dont son intérieur est décoré. Les murs et le plafond en sont entièrement couverts. Les sujets traités, dans ces peintures, sont tous tirés de l'Ancien Testament ou de la Vie de Notre-Seigneur. Il y a dans le haut, la *Création du Monde* en sept ou huit tableaux. Celle de l'homme est particulièrement saisissante. On voit Dieu communiquant son souffle au corps d'Adam, faisant affluer la vie dans ses membres et le touchant de l'index, tandis que de l'autre main, il rassemble ses anges pour leur faire admirer la merveille qu'il vient d'opérer. Cette grande œuvre, ainsi que les autres scènes empruntées à la Genèse, sont de Michel-Ange. Pour considérer ces peintures de la voûte, les visiteurs se servent de miroirs que leur offre le gardien, moyennant pourboire.

Le mur de derrière l'autel est occupé, dans toute son étendue, par le célèbre *Jugement dernier* dû au pinceau du même Grand Maître. Ici, l'intelligence du sujet demande une véritable étude ; à cause de la grande superficie du tableau, l'œil du spectateur en embrasse difficilement l'ensemble ; d'ailleurs certaines parties sont cachées, d'autres miroitent sous de faux-jours; la fumée de l'encens ou des cierges a terni les couleurs. Mais on est frappé par des détails d'un caractère grandiose, par exemple, par la lutte des Anges et des démons, qui se disputent les âmes sur le seuil de l'Eternité. Les guides vous font remarquer des malices de l'artiste qui plaça, parmi les damnés, certains personnages vivants et bien connus, dont il avait eu à se plaindre.

Quand on considère ces gigantesques compositions présentant un si grand nombre d'épisodes et des multitudes de figures humaines, et qui ne constituent, d'ailleurs, qu'une partie des œuvres de Michel-Ange, on est saisi d'une admiration mêlée de stupéfaction pour la puissance et l'étendue de son génie.

Les *Chambres*, au nombre de cinq, étaient, à l'origine, de simples salles de réception à l'usage de la cour pontificale; mais aujourd'hui, comme les musées, elles n'ont d'autre destination que de faire admirer les chefs-d'œuvres des grands maîtres. Ces vastes pièces furent décorées par Raphaël lui-même et par plusieurs de ses meilleurs élèves qui ne firent qu'exécuter ses propres conceptions. Il y a là: *La dispute du Saint-Sacrement*, *l'école d'Athènes*, *l'incendie du Borgo*, la Bataille de *Constantin contre Maxence*, le *Baptême de Constantin*, *Héliodore chassé du Temple* par des cavaliers célestes, *Attila aux portes de Rome* etc. etc. Chacun de ces tableaux couvre un mur entier et présente un nombre extraordinaire de personnages. Les visiteurs défilent silencieux devant ces tapisseries de fresques et on lit, sur leurs visages, l'expression d'un recueillement religieux.

Loges de Raphaël. Le palais du Vatican comprend quatre ailes de bâtiment qui entourent une place carrée, appelée: *cour de St-Damase.* Chacun des trois étages de l'édifice présente une quadruple galerie (en italien *loggia*) qui s'ouvre sur la cour et embellit les façades par sa série de colonnes et d'arcades. Les galeries du second étage portent le nom de « *Loges de Raphaël* ».

L'intérieur de cette dernière partie étant en réparation, il était interdit de la visiter; mais je me permis de violer la consigne et, avant que les gardiens eussent remarqué mon audace, je pus jeter un coup d'œil rapide sur les merveilles artistiques qui s'y trouvent.

Les murs et les plafonds sont décorés de bas-reliefs et de peintures très fines; ils présentent une multitude de tableaux que séparent entre eux des colonnettes, des pilastres, des nervures de toutes sortes. D'abondantes dorures entremêlées de teintes claires donnent à l'ensemble un aspect à la fois très riche et très gai.

La plupart des fresques représentent des sujets bibliques; mais on trouve bien, çà et là, des modèles empruntés à l'antiquité païenne: un Apollon du Belvédère, des bas-reliefs de la Colonne Trajane etc.

Tous les dessins de cette brillante ornementation furent tracés de la main de Raphaël et l'exécution en fut faite sous sa direction. Le grand homme a tenu à ce qu'on le sache. Dans un panneau sculpté, placé en un endroit très en vue, il s'est représenté lui-même assis et dessinant; au-dessous, un aide prépare ses couleurs; plus bas encore un certain nombre d'élèves sont occupés à compléter les esquisses du maître, et, à côté d'eux, la *Renommée* se dresse pour proclamer l'excellence du chef-d'œuvre.

Le parfait artiste, dit-on, ne travaille que pour l'idéal. Il semble bien pourtant que Raphaël se soit occupé de sa propre gloire.

Pinacothèque. — Musée des Antiques

Le musée de peintures, appelé *Pinacothèque*, renferme des chefs-d'œuvre de la plupart des grands-maîtres. Les écoles italiennes y sont représentées par Raphaël, le Guerchin, fra Angelico, Boniface de Venise, le Pérugin, le Titien, le Dominiquin, J. Romain, Michel-Ange, le Guide, P. Véronèse, le Corrège etc., etc. L'Espagne figure dans la personne de Murillo, et la France, dans celle de Nicolas Poussin.

Les toiles les plus remarquées sont, je crois: la *Transfiguration*, de Raphaël, la *Pitié*, de Michel-Ange, la dernière *Communion de St-Jérôme*, du Dominiquin. C'est, peut-être, devant cette dernière que les visiteurs s'arrêtent le plus.

Un prêtre apporte le *Viatique* à St-Jérôme, Le vieillard se fait placer sur le pavé de sa demeure pour le recevoir à genoux. A l'approche du divin Christ, pour le-

quel il a tant combattu, un sentiment de sainte frayeur,
mêlé d'une vive espérance, le saisit. Ses yeux vitreux et
son corps émacié par la pénitence, semblent se ranimer.

Ce tableau fut pour moi, comme une vision qui, longtemps après, hantait encore mon imagination.

La *Pinacothèque* du Vatican est inférieure à plusieurs
musées de Rome, pour le nombre de toiles qu'elle renferme; mais elle l'emporte, paraît-il, sur tous, par le choix
et le mérite des compositions. Il n'y a là que des chefs-
d'œuvres de premier ordre.

Le Musée des Antiques est une collection très vaste
de sculptures antiques qu'on a réparties dans une série
de grandes et belles salles. Il n'en est pas, au monde, de
plus complète, ni de mieux composée. Impossible d'énumérer toutes les choses d'art et les souvenirs archéologi-
ques dont elle est composée. On y voit de somptueux
sarcophages en marbre, des bassins de granit, des tables
en porphyre, des trônes, des chars romains, des quadriges,
des candélabres, des sphynx, des animaux de toutes sortes, des divinités païennes, des groupes reproduisant des
sujets mythologiques, des personnages historiques, des
types humains très variés, les uns de toutes pièces, les
autres en buste etc., etc.

Les statues méritent une particulière attention. Plusieurs d'entre elles ont des proportions colossales; d'autres sont de grandeur naturelle; il y en a aussi en minia-
ture. Les Phidias, les Praxitèle et les plus grands artis-
tes de l'antiquité sont représentés par quelques-uns des
chefs-d'œuvre qu'ils ont produits.

J'ai pu admirer le fameux *Apollon du Belvédère*, avec
ses lignes et sa pose si classique. La foule des visiteurs
stationnait beaucoup dans la salle où se trouve le groupe
de *Laocoon*, étouffé avec ses fils, par deux serpents mons-
trueux. Les visages de ces malheureux expriment une
telle angoisse qu'on ne peut les considérer sans se sentir soi-même saisi. On entendait les dames et les jeunes
filles pousser des soupirs et s'apitoyer sur leur sort.

Et tous ces débris merveilleux de civilisations depuis
longtemps disparues, me donnaient l'illusion de vivre aux
époques anciennes. L'imagination me promenait dans les
villes, aujourd'hui détruites, mais autrefois si florissan-
tes de la Syrie, de l'Egypte, de la Grèce, de l'Italie

païenne et faisait revivre à mes yeux leurs temples, leurs palais, la splendeur de leur gloire.

Mais il y avait bien de la confusion dans toutes ces évocations du passé. L'amateur, qui parcourt les galeries du Vatican, est comme déconcerté par la multitude des belles et grandes choses que rencontre son regard. Il faudrait des mois entiers pour connaître tous les sujets qui ont place dans cette incomparable exposition et s'en rendre un compte approfondi. Un visiteur de passage doit se contenter de recueillir quelques impressions.

Parmi les objets si divers des réflexions qui m'obsédaient, il est une chose qui me frappe plus encore que les souvenirs des temps reculés : c'est le souci perpétuel, qu'ont eu les Souverains Pontifes, de réunir et de faire connaître les produits les plus admirés de l'art humain, avec les documents historiques les plus intéressants.

Et remarquez que les collections du Vatican, ne sont pas les seules institutions libérales qui soient dues à leur initiative. On peut affirmer que tout ce qu'il y a, dans Rome, de grandiose et de plus instructif est l'œuvre de la papauté.

Les libres-penseurs se plaisent à accuser l'Eglise d'*obscurantisme*. Ils n'oseraient plus le faire, ce me semble, s'ils visitaient, avec un esprit impartial, la capitale du monde catholique.

Le Palatin. — Palais des Césars. — Le Forum

Outre la *Rome chrétienne*, j'ai visité, avec un intérêt palpitant, les restes de la *Rome antique*.

Les principales ruines, représentant l'époque païenne, sont groupées sur les flancs et dans les environs du *Mont-Palatin*. La célèbre colline est, d'ailleurs, entièrement occupée par les *Palais des Césars;* il serait peut-être aussi vrai de dire qu'elle n'est autre que ces monuments eux-mêmes dont la masse, entremêlée de décombres et de terrains rapportés, présente au regard, l'aspect d'une montagne. Une partie des constructions anciennes a été mise à jour; le reste est encore couvert.

Les *palais des Césars* offrent à la curiosité des visiteurs, des séries d'arcades très élevées et superposées en

étages, plusieurs grandes salles intégralement conservées,
de larges corridors, mais surtout des bâtiments en rui-
ne et des débris multiples de pièces architecturales.

On voit, sur les murs d'intérieur, des fresques à moitié
effacées ; sur les parvis, des restes de mosaïques. On suit
un long couloir couvert, dans lequel Caligula aurait été
assassiné, etc.

Un gardien, faisant fonction de guide, me conduit dans
tous les recoins et donne des explications historiques
avec un bon vouloir qui n'aura d'égal que son empresse-
ment à accepter le pourboire. Il montre une succession
de cours, d'emplacements de formes rectangulaires ou
oblongues, la plupart pavés de larges dalles et que limi-
tent des gradins effrités, des pans de murs, des portiques
en partie démolis, des commencements d'escaliers, etc. Il
fait remarquer, de côté et d'autre, des statues mutilées,
des fûts de colonnes, dressés sur leurs socles ou gisant à
terre, des chapiteaux, des corniches et maintes autres reliques de sculptures artistiques. Ici, dit-il, était le stade,
là, la salle de justice, appelée *basilique,* plus loin, la chapelle des dieux domestiques. L'impératrice avait ici ses
appartements. Voici les bains, voilà le *triclinium* (salle à
manger d'été), etc.

Cette dernière pièce, un peu moins endommagée que
les autres, m'intéressa particulièrement. Le *triclinium* est
une salle grandiose, carrée, pavée de marbre et de porphyre et entourée d'une colonnade. Au dehors, à droite
et à gauche, se dressent deux fontaines monumentales
(l'une d'elles est encore entière) répandant l'eau en jets
et en cascades, dans de superbes bassins, qu'ornent des
statues de naïades et des plantes rares. Les convives, de
leurs sièges, apercevaient ces fontaines, à travers les colonnes, mangeaient et causaient au murmure de leurs
chutes et jouissaient de la fraicheur apportée par elles.
Une petite porte, dissimulée dans un coin, conduit au
vomitorium. Quand ces bons empereurs et leurs compa-
gnons de plaisir s'en étaient mis jusqu'au cou, ils passaient dans cette pièce secrète pour rejetter le trop plein
de l'estomac ; puis ils s'asseyaient de nouveau pour com-
mencer un autre festin.

Le *Palatin* serait, dit-on, le berceau de Rome et on y
montre quelques pans du rempart en pierres sèches, qu'au-

raient bâti Romulus et Rémus, pour protéger le premier groupe de maisons. Il y a aussi, près de là, la grotte dans laquelle se réfugia la célèbre louve quand le moment de sevrer ses nourrissons fut venu.

Le vallon, qui se déroule au pied du Palatin, du côté du nord, est également couvert de ruines antiques. Il forme comme un reliquaire fermé, duquel l'administration des beaux-arts éloigne, comme profane, toute construction moderne. Dans la partie la plus rapprochée du Capitole, se trouve une place carrée, avec dallage en pierres taillées, et grande, à peu près, comme la moitié du gravier d'Aurillac. C'est là le *forum* proprement dit. La tribune aux harangues est en partie debout. Autour et à la suite, dans toute l'étendue de la ville morte, surgissent de nombreuses colonnes. Quelques-unes, encore entières, et formant des groupes alignés, portent des fragments d'architraves. La plupart n'ont qu'une partie de leur hauteur, ou se réduisent même au socle de la base. Ce sont des restes de temples ou de basiliques. On voit trois arcades colossales de la *basilique de Constantin*. La *Voie Sacrée*, pavée de larges dalles, serpente à travers ces décombres, enfile plusieurs arcs-de-triomphe, assez bien conservés et se perd au pied de la colline du Capitole.

Colisée. — Cirque Maxime

Le *Colisée* fait suite, dans la direction de l'est. Ce dernier édifice est aux trois quarts détruit. Un côté seulement a conservé sa hauteur primitive. Il présente, à l'extérieur, une façade arrondie dont l'effet est impressionnant. Il y a, dans le bas et vers le milieu, trois séries d'arcades gigantesques, superposées en étage et séparées par d'immenses corniches. Le haut est un mur d'aspect sévère, percé d'ouvertures plus rares et sectionné par de majestueux pilastres. La construction est faite de blocs taillés, que reliaient jadis des crampons en fer. De l'ensemble du monument, se dégage une expression de grandeur, de force et de stabilité. Le Colisée fut le plus beau et le plus grand théâtre du monde. Ses gradins portaient jusqu'à 80.000 spectateurs.

A l'intérieur, l'emplacement de l'arène est entièrement

dégagé; mais tout autour, on n'aperçoit guère que des ruines. Il y a encore une partie des soubassements et des voûtes qui soutenaient les marches de l'amphithéâtre; quant au couronnement, il n'existe pour ainsi dire plus. Au sous-sol et dans l'épaisseur des premières assises, se trouvent les loges grillées destinées aux bêtes féroces, les cachots des condamnés, les compartiments où se tenaient les gladiateurs avant l'ouverture du spectacle, etc.

Mais c'est surtout le souvenir des premiers martyrs de l'Eglise, qu'évoque la vue du Colisée. J'essayai de reconstituer dans ma pensée, une des scènes si glorieuses pour notre foi, qui se déroulèrent dans son enceinte.

Vers le milieu de l'arène, un groupe de chrétiens qui lèvent les yeux au Ciel, poussent des soupirs et prient à voix basse. Au signal donné par l'empereur, les cages s'ouvrent; les lions et les tigres bondissent sur les innocentes victimes, les renversent, s'acharnent après leurs corps. Plusieurs de ces animaux se disputent, en hurlant, des lambeaux de chair, d'autres lapent dans des mares de sang. Une multitude humaine, plus féroce même que les fauves, domine ce spectacle et fait retentir l'air d'applaudissements et de cris. Les matelots de la flotte, marchant sur le sommet des murs, tendent des toiles, pour mettre les spectateurs à l'ombre et semblent vouloir cacher aux regards du Ciel, les crimes dont ils se souillent.

Ce n'est pas sans émotion et, j'ajouterai, sans un sentiment de noble fierté, qu'un chrétien visite ces lieux. Le Colisée était l'orgueil des anciens Romains; mais l'Eglise a, par dessus tous le droit de s'en glorifier, car ce monument rappelle les plus belles pages de son histoire et fut arrosé du plus pur sang de ses enfants.

Non loin du Colisée, on montre l'emplacement du *Cirque Maxime*. C'était un champ de course ayant la forme d'un long rectangle aux coins arrondis et entouré de gradins, de tours et de portiques. Il y avait place, dans son enceinte pour 300.000 personnes. De tout cela, il reste aujourd'hui bien peu de traces.

Les *palais des Césars*, groupés sur le Palatin, occupaient le centre de l'ancienne Rome et la dominaient. Les maîtres du monde pouvaient, en se promenant sur leurs terrasses, surveiller toute la cité impériale, comme aussi prendre part à ses fêtes et à sa vie sociale. Sans sortir de chez eux, ils assistaient aux courses et aux jeux du Cirque Maxime dont l'enceinte s'étendait au-dessous d'un de leurs balcons. Ils entendaient les applaudissements, ou les cris de mort, s'élevant du Colisée et, peut-être même, la voix des orateurs qui péroraient au forum, arrivait-elle jusqu'à eux.

Quand les légions romaines, partant pour une expédition, défilaient sur la *Voie Sacrée,* l'empereur paraissait sous un portique du nord et les soldats criaient : « Cœsar, morituri te salutant! » Au retour, les généraux vainqueurs, précédés de leurs vaillantes armées, portant sur leurs chars de triomphe des rois vaincus et, suivis de toute la population romaine, passaient là de nouveau pour monter au Capitole ; l'empereur les félicitait de son geste et ces masses délirantes acclamaient encore le maître du monde en répétant « Gloire à César! »

J'aimais à rêver parmi ces débris vingt fois séculaires. Mais j'avais besoin de tous mes souvenirs classiques, des explications du guide et de beaucoup d'imagination pour reconstituer un peu du passé. Parmi les impressions que j'en emportai, une domine toutes les autres : c'est un vif sentiment de la vanité des grandeurs et de la puissance humaines.

F. M.